穂高養生園が考える

やさしいおやつ

鈴木 愛

世界文化社

おやつの時間

穂高養生園は北アルプス山麓の
森の中にある宿泊施設です。
ここでの滞在中は森を歩いたり、
ハーブに触れたりするなど、
みなさんお気に入りの場所で
思い思いにゆったりと過ごしています。
そのおともにご用意しているのが
素朴なおやつ。

養生園での食事は一日二食。
空腹を満たし、栄養をとるだけならそれで十分。
だとすると「おやつってなんだろう」と考えました。
ひとりで静かにお茶を飲みながら食べるおやつ。
大切な人と楽しむおやつ。
おやつを前にして、みんなが「わぁ！」とよろこぶ顔。
そのときどきの明るくあたたかな時間を想いながら、
おやつを作るひとときも愛おしい。
ただただおいしい、楽しい、ほっとする、
心を満たしてくれるもの。
そういうささやかな幸せが、
生きるよろこびなのだと思いました。

養生園には
いろいろなゲストが来園します。
心身に不安を抱えているかた、
日常から離れて、
リラックスを求めていらっしゃるかた、
もちろん元気なかたも。

最近は体調によって小麦粉を控える
というかたも増えてきました。
みんなが安心しておいしく食べられる「やさしいおやつ」を
おうちでも気負わず作ってもらえたら。
そう願いながらこの本を作りました。
養生園で食事やお菓子を作るときに
いつも大切にしていることは、
素材のおいしさを生かすために、なるべくシンプルに、
揃えやすい材料で、手軽に作れること。
からだの負担にならないように穏やかに食べられる、
でもちゃんと「おいしい！」と満足できるもの。
いろいろな「やさしさ」を込めたレシピが、
みなさんのあたたかな時間に
寄り添うものになればうれしいです。

鈴木 愛

もくじ

グルテンフリーのお菓子の保存のこと

蒸しパン、ホットビスケット、パウンドケーキ、マフィンなど

* 焼き立てまたは粗熱が取れた状態がいちばんおいしく食べられます。
* 翌日になると少し固くなりますが、軽く温めると焼き立てに近い状態に戻ります。食べきれないときは冷凍保存してください。
* パウンドケーキとマフィンは粗熱が取れたら乾燥を防ぐため、ラップでぴったりと包むかジッパー付きの袋に入れてください。

クッキー、スノーボール、ビスコッティなど

* 翌日までは再加熱せずお召し上がりください。
* クラッカーは湿気やすいので翌日食べるときはオーブントースターで軽く焼くとパリッとします。
* 冷凍保存した場合は、解凍後オーブントースターで軽く焼いてください。

この本のきまり

* 大さじは15ml、小さじは5mlです。
* 基本の材料は26～31ページを参考に揃えてください。
* 米粉は米の品種や時期によって水分量が変わります。水分が足りないときは豆乳を加えてください。
* 材料表にA、Bがある場合、Aは粉類、Bは水分や油分です。甘みはお菓子によってどちらかに加えます。
* 油はg表示しています。泡立て器で混ぜられるサイズのボウルをスケール(秤)にのせて、計量しながら加えていくとスムーズです。豆乳や水、ジュースなどの液体はml表示をしていますが、g表示でも分量は変わりません。レモン汁など少量使うものは目安がわかるように大さじ、小さじで表記しています。
* 出来上がり量は1回に作りやすい量を目安にしています。
* フライパンは鉄製を使用しています。フッ素樹脂加工のものを使用する場合は最初に油をひいてください。
* 紅茶、コーヒー、ココアなどのカフェインについて。本書では手軽に作れるように使用していますが、養生園では紅茶はノンカフェイン、コーヒーは穀物コーヒー、ココアはキャロブを使用しています。
* ナッツ類はローストしたものを用意してください。

part 1

フライパンで簡単おやつ

フライパンひとつで作れるおやつをご紹介します。
グルテンフリーに興味があるけど
手間がかかりそうでちょっと…というかたや
おやつ作りがはじめてのかたでも簡単に作れます。
朝ご飯にもおすすめです。

パンケーキ

シンプルな米粉のパンケーキは、
朝ごはんにもおやつにもぴったり。
材料をぐるぐるっと混ぜて焼くだけでふっくらおいしく作れます。
もっちりとした生地は小さく焼いても充分満足できます。
フルーツ、豆乳クリーム、メープルシロップなどお好みの味でどうぞ。

パンケーキ

材料（直径10cmのもの6枚分）

A
- 米粉…90g
- 片栗粉…15g
- ベーキングパウダー…小さじ1（4g）

B
- 豆乳ヨーグルト…100g
- 豆乳…40mℓ
- てんさい糖…20g
- 植物油…10g

植物油…少量

フルーツ（いちご、ブルーベリー、いちじくなど）…適量

メープルシロップ…適量

豆乳クリーム（→p.98）…適量

1 ボウルにAを入れ、泡立て器で均一に混ぜる。

別のボウルにBを入れ、泡立て器でよく混ぜ、てんさい糖を溶かして乳化させる。

2

3 1に2を加えて泡立て器でなめらかに混ぜる。

フライパンを温めて植物油を薄くひき、弱めの中火にする。3の1/6量（お玉1杯分が目安）を流し入れ、お玉の背で形を軽く整える。

4

5 周りが少し乾いてきたら裏返し、ふっくらふくらんできれいな焼き色がついたらフルーツとともに器に盛る。メープルシロップをかけて豆乳クリームを添える。

*あまり空気を含まない生地なので、一般的なパンケーキのように、ふつふつと穴が開くことはありません。

かぼちゃの蒸しパン

キメが細かく弾力のある、
米粉ならではの蒸しパン。
ほんのり甘いかぼちゃの素朴な味です。

材料（直径6cm高さ5.5cmのプリンカップ4個分）

A
- 米粉…100g
- ベーキングパウダー…小さじ1（4g）
- 塩…ひとつまみ

B
- かぼちゃ…50g
- てんさい糖…30g
- 豆乳…80mℓ
- 植物油…20g

かぼちゃ（飾り用）…15g
パンプキンシード…適量

準備

かぼちゃは1.5cm角に切って蒸し、15gは飾り用に取り置く。

オーブンシートを10cm角に切ってプリンカップに敷く。

パンプキンシードはフライパンで軽く煎る。

作り方

1
ボウルにAを入れ、泡立て器で均一に混ぜる。

2
別のボウルにBのかぼちゃを入れてフォークでつぶし、てんさい糖を加えて混ぜる。残りのBを加えて泡立て器でなめらかに混ぜる。

3
1に2を加えてゴムべらでムラなく混ぜ合わせ、プリンカップに流し入れて1.5cm角に切ったかぼちゃとパンプキンシードをのせる。

4
フライパンに水を2cm深さまで入れて火にかける。沸いたら3を並べ、蓋をして12〜15分蒸す。串を刺して生地がついてこなければ、型のまま網に並べて冷ます。
*時間が経って固くなったら、蒸し直すとふっくらします。

ココアの蒸しパン

もっちりとふっくらのいいとこ取りをしたような
絶妙なバランスの生地。
甘さ控えめでほろ苦い蒸しパンです。

材料（直径6cm高さ5.5cmのプリンカップ4個分）

A
- 米粉…100g
- ココアパウダー…15g
- ベーキングパウダー…小さじ1（4g）
- 塩…ひとつまみ

B
- 豆乳…100mℓ
- てんさい糖…25g
- 植物油…15g

アーモンドスライス…適量

準備

オーブンシートを10cm角に切ってプリンカップに敷く。

作り方

1
ボウルにAを入れ、泡立て器で均一に混ぜる。別のボウルにBを入れ、泡立て器でよく混ぜ、てんさい糖を溶かして乳化させる。

2
AのボウルにBを加えてなめらかに混ぜる。プリンカップに流し入れてアーモンドスライスをのせる。

3
かぼちゃの蒸しパンの作り方4と同様にフライパンに湯を沸かし、2を並べて同様に蒸して冷ます。

ホットビスケット

食べごたえのあるビスケットも手軽に
フライパンで焼けます。バナナを混ぜてしっとりさせ、
くだいたオートミールでほろほろとした食感を
出しています。温かいうちにクリームやジャム、
メープルシロップなどを添えてどうぞ。

材料（5個分）

A
- 米粉…70g
- オートミール…10g
- 片栗粉…10g
- ベーキングパウダー…小さじ1（4g）

B
- バナナ…35g
- 豆乳…35mℓ
- てんさい糖…15g
- 植物油…15g
- 塩…ひとつまみ

レーズン…15g
オートミール…15g
植物油…少量

準備

Aのオートミールはミルサーかすり鉢で粉末状にする。

作り方

1
Aの材料をボウルに入れ、泡立て器で均一に混ぜる。

2
別のボウルにBのバナナを一口大にちぎって入れ、フォークでつぶす。残りのBを加えて全体がなじむまで泡立て器でよく混ぜる。

3
1に2を入れてゴムべらでよく混ぜ合わせる。粉っぽさがなくなったら、レーズンとオートミールを加えて均一に混ぜる。

4
フライパンを温めて植物油をひく。3の生地を5等分してフライパンに並べ、蓋をして約1分弱火で焼く。

フライパンに並べるときは、形を整える必要はありません。

5
薄く焼き色がついたら返し、再び蓋をして約10分焼く。再び返して3〜5分、蓋をして焦げないように焼く。

串を刺して生地がついてこなければ出来上がり。

プレーンドーナツ

豆腐入りのふんわり、もちっとした食感のドーナツです。

材料（6個分）

A
- 米粉…120g
- コーンミール…15g
- 片栗粉…15g
- てんさい糖…30g
- ベーキングパウダー…小さじ$1\frac{1}{2}$(6g)
- 塩…少量

- 絹ごし豆腐…130g
- 打ち粉(米粉)…適量
- 揚げ油…適量
- てんさい糖…適量

黒ごまドーナツ

黒ごまを混ぜ込んだドーナツはきな粉入りでより香ばしく。

材料（6個分）

A
- 米粉…120g
- きな粉…15g
- 片栗粉…15g
- てんさい糖…35g
- 黒いりごま…大さじ$1\frac{1}{2}$
- ベーキングパウダー…小さじ$1\frac{1}{2}$(6g)
- 塩…少量

- 絹ごし豆腐…130g
- 打ち粉(米粉)…適量
- 揚げ油…適量

シナモンドーナツ

こんがり揚がったらシナモンをまぶして香りよく仕上げます。

材料（6個分）

A
- 米粉…120g
- 片栗粉…30g
- てんさい糖…30g
- ベーキングパウダー…小さじ$1\frac{1}{2}$(6g)
- 塩…少量

- 絹ごし豆腐…130g
- 打ち粉(米粉)…適量
- 揚げ油…適量
- シナモンシュガー*…適量

*てんさい糖とシナモンパウダーを6:1で合わせたもの。

作り方

1
ボウルにAを入れて泡立て器でよく混ぜ、絹ごし豆腐をくずしながら加え、ゴムべらでしっかり混ぜる。

2
生地がまとまったら6等分にし、まな板などに打ち粉をふっておき、リング状にする。

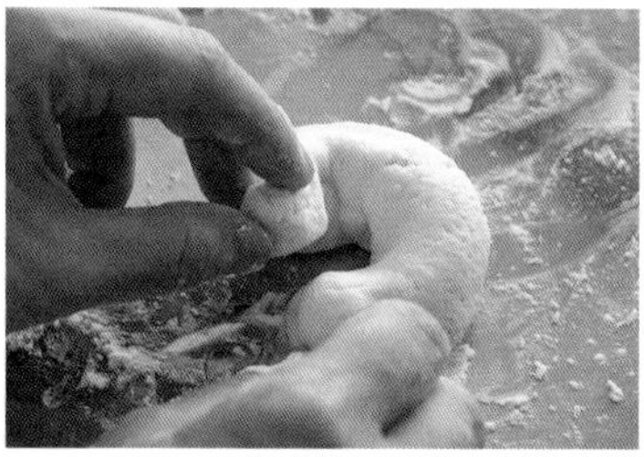

3
深めのフライパンか鍋に揚げ油を170〜180℃に熱し、2を揚げ始める。こんがり色づいてふっくらしてきたら、ときどき返しながら両面をこんがり揚げる。ペーパータオルに上げて油をきる。

4
温かいうちにプレーンにはてんさい糖を、シナモンにはシナモンシュガーをまぶす。

ガレット

おかずガレット

おやつガレット

ガレット

そば粉入りの生地は食事としても
おいしくいただけます。
薄く焼いてお好きなものを包んでください。
さまざまな味と相性のよい、
もちもちとした食感で口溶けのよい生地です。

材料（直径18cmの生地5枚分）

ガレット生地

A そば粉…55g
　米粉…45g
　塩…ふたつまみ
B 豆乳…200mℓ
　水…50mℓ
植物油…適量

作り方

1
ボウルにAを入れ、泡立て器でよく混ぜる。

2
1にBを入れて泡立て器でよく混ぜ、ラップをして冷蔵庫で約30分休ませる。

3
フライパンを温めて植物油をひき、2をお玉1杯分ほど流し入れ〔a〕、薄くのばして弱火で焼く。生地の縁が乾いてひらひらしてきたら返す〔b〕。

a

b

ひじきのパテ

材料（作りやすい量）

玉ねぎ（薄切り）…$1/4$個分
まいたけ（ほぐす）…$1/2$株分
ひじき（乾燥。水で戻す）…3g
くるみ…10g
塩…ひとつまみ
オリーブ油…10g
醤油…大さじ1

作り方

1
小鍋に玉ねぎ、まいたけ、水少量（分量外）、塩を入れて蓋をし、弱火にかける。

2
煮えたらひじき、くるみを加えてひと煮立ちさせる。

3
ミキサーに2、オリーブ油、醤油を入れて撹拌してなめらかにする。

おかずガレット

ひじきのパテが季節の焼き野菜と生地を
バランスよくまとめます。
リーフサラダをたっぷり添えてどうぞ。

作り方

焼いたガレット生地を器にのせ、ひじきのパテ(→p.24)、焼き野菜*をのせて三辺を折る。ベビーリーフと豆乳マヨネーズ(下)を添える。

*ここでは、なす、れんこん、玉ねぎを使っています。

豆乳マヨネーズ

材料(作りやすい量)

豆乳…50mℓ
植物油…80g
米酢…10g
てんさい糖…8g
塩…小さじ1弱

作り方

すべての材料をミキサーにかけて混ぜ、しっかり乳化させる。

おやつガレット

もちもちとしたやさしい生地とフルーツは好相性。
豆乳クリームやジャムのほか、
コンポートを包むのもおすすめです。

作り方

焼いたガレット生地に豆乳クリーム(→p.98)を塗り広げ、好みのジャム*を生地の1/4のスペースにのせて4つ折りにする。同様にもう1つ作って器に盛り、フルーツを添える。

*ここではりんごジャム(→p.102)を使っています。

材料のこと

グルテンフリー、動物性食品不使用のお菓子作りには、ふだんよく使うものと
あまりなじみのないものがあります。本書で使用している基本の材料を、
養生園で使用している商品とともにご紹介いたします。

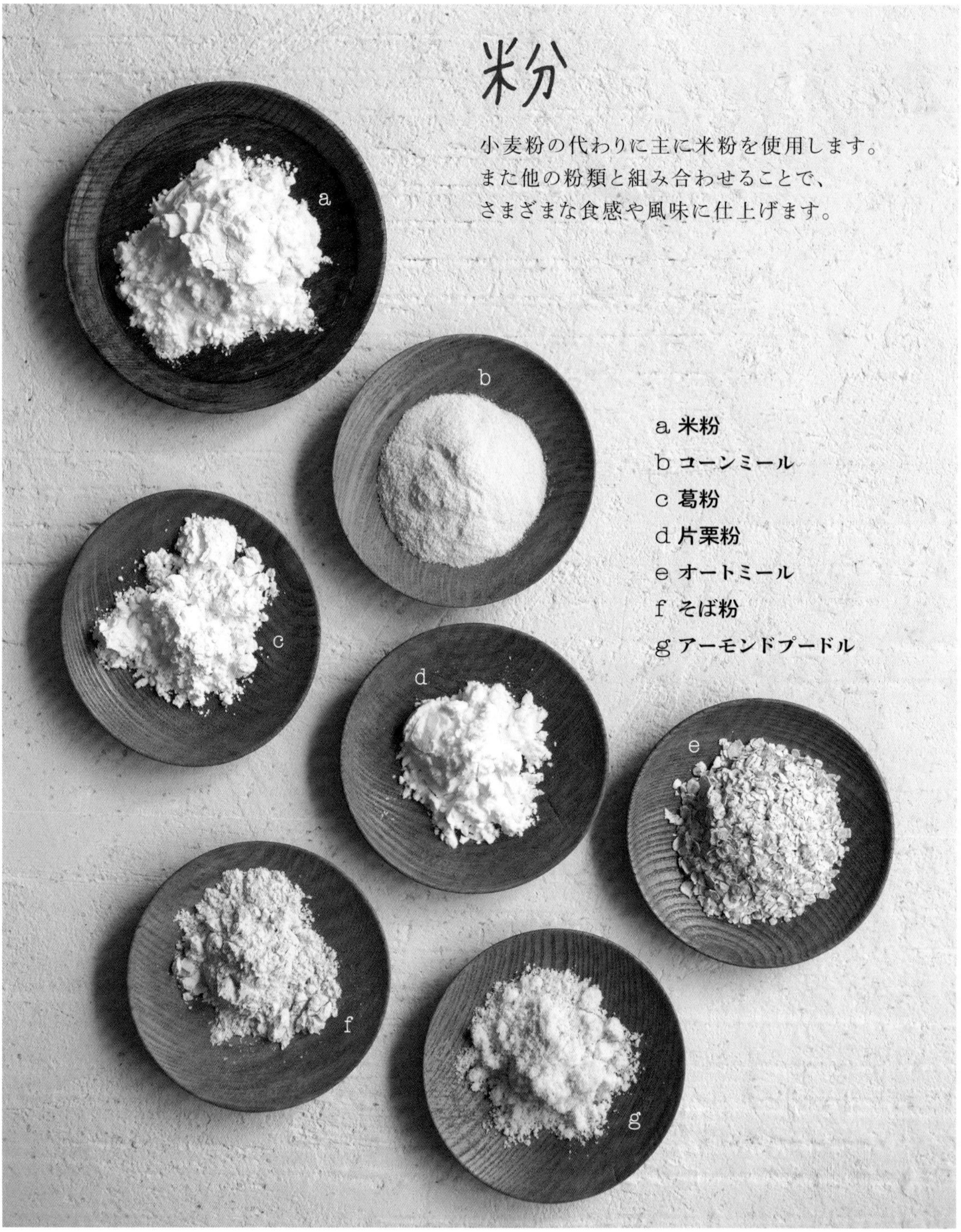

粉

小麦粉の代わりに主に米粉を使用します。
また他の粉類と組み合わせることで、
さまざまな食感や風味に仕上げます。

a **米粉**
b **コーンミール**
c **葛粉**
d **片栗粉**
e **オートミール**
f **そば粉**
g **アーモンドプードル**

米粉

お米を粉砕して粉状にしたもの。昔からせんべいや餅菓子などに使われてきましたが、近年、より細かく粉砕する技術が進化し、小麦粉の代わりにパンやケーキ、麺類などさまざまな加工品が作られるようになりました。本書では製菓用の米粉を使用しています。粒子が細かいため、スポンジやほろほろとした食感のクッキーも作れます。グルテンがないため生地をよく混ぜてもダマにならず、またふるう必要がなく扱いが簡単です。

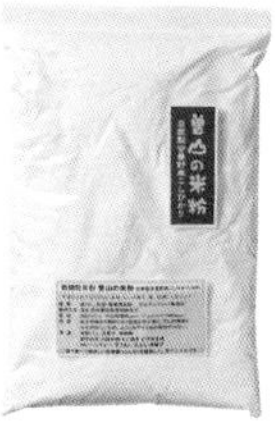

曽山の米粉
自家製安曇野産
こしひかり100%
曽山光祥

熊本県産米
(ミズホチカラ)
製菓用米粉
富澤商店

心と体に優しい合鴨米
米粉(長野県安曇野市産
コシヒカリ)
星農家《ほしのや》

コーンミール

乾燥させたとうもろこしの皮と胚芽を取り除き、胚乳部分を粉砕して粒状にしたもの。黄色みを帯び、加熱するとほんのり甘くほのかにとうもろこしの香りがします。生地に混ぜ込むとプチプチとした食感がプラスされ、味に深みが出ます。とうもろこしを挽いたものには、コーンミールより粒子が粗いコーングリッツや、コーンミールより粒子が細かいコーンフラワーがあります。

有機コーンミール
アリサン有限会社

葛粉

マメ科の多年草「クズ」の根から採れるでんぷんを精製して作られる粉です。火を通すことで弾力のあるとろみが出る特性を生かし、グルテンフリーや動物性食品を使わないプリンやクリーム作りに重宝します。じゃがいもやさつまいもでんぷんが混ざった商品も出回りますが、100%本葛粉を選んでください。粉末タイプが使いやすくておすすめ。葛粉には体を温め、胃腸の調子を整える作用があります。

オーサワの本葛 微粉末
(南九州産本葛粉100%)
オーサワジャパン株式会社

片栗粉

料理の仕上げにとろみをつけることなどでおなじみの片栗粉。もともとはカタクリというユリ科の植物の地下茎から採られたでんぷんの粉でしたが、現在一般的に流通しているものはじゃがいものでんぷんです。クッキーやクラッカーにサクサク感を出すほか、ケーキをふんわり仕上げます。国産の伝統製法のものがおすすめです。

オーサワの片栗粉
(北海道産契約栽培じゃがいも使用)
オーサワジャパン株式会社

そば粉

そばの種（実）を挽いたもの。香りが豊かで深い味わいがあり、お菓子に使うともちもちとした食感が楽しめます。そばはヨーロッパやアメリカ大陸でも栽培されており、フランス北西部・ブルターニュ地方のそば粉で作るクレープ「ガレット」が有名です。また、米粉と組み合わせることで冷めてもふんわり、弾力のある生地になります。食物繊維やポリフェノールも豊富です。

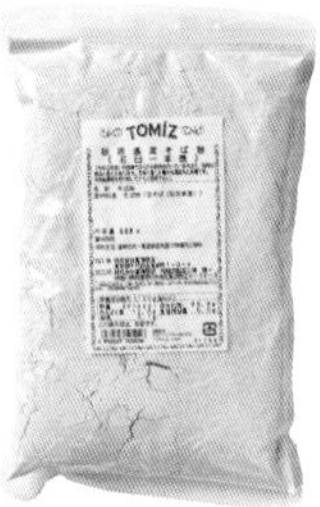

秋田県産そば粉
（石臼一本挽）
富澤商店

オートミール

オーツ麦を加工して作られたもの。オーツ麦は小麦や大麦の仲間ですが、グルテンを形成するたんぱく質を含まないため、グルテンフリー食品として重宝されています。そのまま用いるとザクザクとした風味が楽しめるほか、粉状にしてほろほろとした食感に仕上げることもあります。グルテンフリー、食物繊維の豊富さなどで注目され、手に入りやすくなりました。

有機オートミール
アリサン有限会社

アーモンドプードル

アーモンドを粉末状にしたもの。お菓子の材料としてよく知られ、コクや風味を加える焼き菓子に欠かせない粉です。ここで紹介する粉類のなかでは油分も多いため、生地に加えるとしっとり感も出ます。皮付きと皮なしがあり、使いやすいのは皮なしですが、より風味を生かすなら皮付きがおすすめです。アーモンドパウダーという名前でも出回っています。

アーモンドプードル
（皮付き・生）
有限会社ネオファーム

ベーキングパウダーと重曹

焼き菓子をふっくら仕上げるために用いるベーキングパウダーと重曹。どちらも膨張剤ですが、それぞれ仕組みが異なります。重曹は加熱して炭酸ガスを発生させ主に横に膨らませます。ベーキングパウダーは水分に反応して加熱によって主に縦に膨らみます。ベーキングパウダーはアルミニウムフリーを、重曹は食品用を選んでください。

ベーキングパウダー〔a〕
（アルミニウムフリー）

焼き色に影響を与えず、風味も損ないません。生地を作っている間に反応するため、混ぜたら早めに焼きましょう。

RUMFORD
BAKING POWDER
（ベーキングパウダー）
アリサン有限会社

重曹〔b〕

特有の香りとかすかに苦みがあり、焼き色も濃くなります。レモン汁などの酸と反応させて苦みを消します。

タンサン（重曹）
小倉食品化工株式会社

甘み

この本のお菓子に使用している甘みは、
てんさい糖とメープルシロップの2種。
どちらもまろやかでやさしい甘みです。

a メープルシロップ
b てんさい糖
c てんさい糖シロップ

メープルシロップ

サトウカエデなどの樹液を煮詰めた独特の風味とコクのある甘さが特徴で、コクや香りづけに重宝します。メープルシロップには4つのグレードがあり、バランスのよい風味とコクが持ち味のダークやアンバーがおすすめ。混じり気のない100%メープルシロップを選びましょう。

ADIRONDACK
FAMILY FARMS
（有機100%ピュアメープルシロップ）
アリサン有限会社

てんさい糖

「甜菜（ビート、サトウダイコン）」の根の糖分から作られます。蜜の成分が残るので精製の度合いが低く、また天然のオリゴ糖を含むため整腸を助けます。薄い茶色は自然の色。まろやかですっきりとした甘みはどんなお菓子にも合います。溶けやすいものがおすすめ。

北海道産てんさい使用
てんさい含蜜糖・粉末
ムソー株式会社

てんさい糖シロップ

てんさい糖を軽く煮詰めたシロップは、クセがなくあらゆるお菓子に使えます。こちらは簡単に作れるので必要なときにそのつどご用意してください。メープルシロップの代わりとしても使えます。

作り方

1 小鍋にてんさい糖120g、水50㎖を入れて弱めの中火にかけて混ぜながら溶かす。
2 ふつふつと沸いたら約1分煮詰める。

油

本書のレシピはすべて
植物性の油を使用しています。
材料に「植物油」とある場合はなたね油、
米油などを使っています。
ココナッツオイルや
太白ごま油を用いる場合は
指定しています。

約20℃以下で写真のように固まるため、寒い時期に使用するときは温めて溶かして使ってください。

ココナッツオイル

ココヤシの実の胚乳から抽出される油です。酸化しにくく、消化吸収も分解も早いのが特徴。ココナッツの香りの強いものもありますが、お菓子作りには無香タイプを選んでください。

有機プレミアム
ココナッツオイル
ココウェル

太白ごま油

ごまを生のまま搾った油です。焙煎していないので特有のごまの香りがなく、ごま本来の旨みだけを感じます。ごまは抗酸化物質が多いため、酸化しにくいのが特徴。なたね油や米油の代わりとしても使えます。

煎らずに搾った
胡麻油
ムソー株式会社

なたねサラダ油

なたね油はセイヨウアブラナの種子から採った油。オレイン酸を多く含むため加熱しても酸化しにくいのが特徴です。なかでも「なたねサラダ油」は、軽くてクセがないのでお菓子作りや揚げものに向いています。

オーサワのなたねサラダ油
（一番搾り）
オーサワジャパン株式会社

米油

お米を精米するときに発生する米ぬかから採った油です。オレイン酸とリノール酸をバランスよく含み、酸化しにくく、クセがなく無味無臭。お米由来なので、国産で遺伝子組み換えでないものが手軽に選べます。

まいにちのこめ油
（国産米糠使用）
三和油脂株式会社

豆乳と豆乳ヨーグルト

この本ではバターや生クリームに代わって
お菓子にコクを出したり、しっとり仕上げたりするときに
豆乳製品を使用しています。

豆乳ヨーグルト

豆乳を乳酸菌で発酵させたヨーグルトのこと。豆乳に酸味を加えたような味で、生地に混ぜ込むとしっとり軽やかに仕上がります。水切りをするとしっかりとしたコクととろみが出るので、油とも乳化しやすくクリーム作りにも向いています。無糖(プレーン)のものを選んでください。

豆乳グルト(プレーン)
マルサンアイ株式会社

豆乳

大豆を原料とした豆腐に固める前の状態のもの。主に牛乳の代わりとして使います。お菓子にコクを加えるほか、クッキーやクラッカーをサクサクとした食感に仕上げます。豆乳には「豆乳」「調製豆乳」「豆乳飲料」の3つの区分がありますが、成分無調整の「豆乳」で無添加のクセのないものを選んでください。

有機豆乳無調整
マルサンアイ株式会社

グルテンフリー、動物性食品不使用のおやつ作りははじめてでも簡単！

ぐるぐるっと 生地作りはＡとＢを混ぜるだけ

Ａ 粉類

Ｂ 油分や水分

Ａを ぐるぐるっと 混ぜる

複数の粉を合わせるので、泡立て器で混ぜて均一にします。

Ｂを ぐるぐるっと 混ぜる

水分のあるものや油分を泡立て器でムラなく混ぜて乳化させます。

ＡとＢを ぐるぐるっと 混ぜる

Ａの粉類にＢを一気に加え、泡立て器やゴムべらでぐるぐるしっかり混ぜます。

＊てんさい糖は食感を出したいときはＡに混ぜ込み、なめらかに仕上げたいときはＢに入れてしっかり溶かします。

簡単に作れるひみつ

ダマにならない

小麦粉と違って製菓用米粉は粒子が細かく、グルテンが形成されないため、どのように混ぜてもダマになりません。一気に加えてぐるぐる混ぜても大丈夫。混ぜすぎるくらいしっかり混ぜて、粉と水分をなじませてください

乳化しやすい

植物性の油脂はバターに比べて乳化しやすいため、他の材料と合わせるときも、よく混ぜればきれいに乳化します。またバターのように常温に戻したり、クリーム状にしたりなどの工程がなく、扱いも難しくありません。

part 2

焼き菓子

みんなが好きな定番の焼き菓子を紹介します。
生地さえ作ればオーブンで焼くだけで思いのほか簡単。
その生地作りもほとんど同じ手順だから
いろんな味を気軽にお楽しみいただけます。
パウンドケーキやマフィンは
冷凍しておくといつでも食べられます。

プルーンのパウンドケーキ

シンプルな生地に甘酸っぱいプルーンを混ぜ込み、
表面にもたっぷりのせて焼き上げました。
基本のパウンド生地はふんわりとした食感で素朴な甘さ。
具材を替えてさまざまな味に仕立てられます。

プルーンのパウンドケーキ

材料（21.5×8×5.5cmのパウンド型1台分）

基本のパウンド生地

A
- 米粉…130g
- アーモンドプードル…50g
- 片栗粉…40g
- ベーキングパウダー…小さじ$1\frac{1}{2}$(6g)
- 重曹…小さじ$\frac{1}{3}$(2g)
- 塩…ひとつまみ

B
- 豆乳…130mℓ
- てんさい糖…40g
- レモン汁…大さじ$1\frac{1}{3}$
- 植物油…55g

プルーン（4〜5等分にする）＊…75g

＊p.101のプルーンの番茶煮を使ってもおいしい。

準備

パウンド型の大きさに合わせてオーブンシートに筋をつけてカットし、4か所切り込みを入れる〔a〕。切り込みを入れた部分を内側にして型に敷き込む〔b〕。

オーブンを180℃に予熱する。

a

b

1 ボウルにAを入れ、泡立て器で均一に混ぜる。

2 別のボウルにBを入れ、泡立て器でよく混ぜて乳化させる。

3 1に2を加え、泡立て器で生地がなめらかになるまでよく混ぜる。

4 プルーンをトッピング用に一部取り置いて加え、ゴムべらで均一に混ぜる。

5 型に流し入れて表面を平らにし、取り置いたプルーンをのせて180℃で10分、170℃に下げて25～30分焼く。こんがり焼き色がつき、串を刺して生地がついてこなければ、型から出して網にのせ、乾いたふきんをかけて冷ます。

メープルナッツパウンドケーキ

ナッツをメープルシロップでキャラメリゼし、
たっぷりトッピングしています。
混ぜ込んだローストナッツとは異なる食感と味わい。
香ばしさとカリカリとした食感が後を引きます。

材料（21.5×8×5.5cmのパウンド型1台分）

A
- 米粉…130g
- アーモンドプードル…50g
- 片栗粉…40g
- ベーキングパウダー…小さじ$1\frac{1}{2}$（6g）
- 重曹…小さじ$\frac{1}{3}$（2g）
- 塩…ひとつまみ

B
- 豆乳…130mℓ
- てんさい糖…35g
- レモン汁…小さじ$1\frac{1}{3}$
- 植物油…55g

好みのナッツ（くるみ、アーモンド、カシューナッツなど。粗く刻む）…10g
メープルナッツ（右）…全量

準備

パウンド型にオーブンシートを敷く（→p.36）。
メープルナッツ（下）を作る。
オーブンを180℃に予熱する。

作り方

1
37ページのプルーンのパウンドケーキの作り方を参照し、1〜3と同様にして生地を作り、好みのナッツを加えて全体に混ぜる。

2
型に流し入れ、表面を平らにしてメープルナッツを全体に散らす。180℃のオーブンで10分、170℃に下げて25〜30分焼く。

3
こんがり焼き色がつき、串を刺して生地がついてこなければ、型から出して網にのせ、乾いたふきんをかけて冷ます。

メープルナッツ

材料（作りやすい量）
- 好みのナッツ（くるみ、アーモンド、カシューナッツなど。粗く刻む）…30g
- メープルシロップ…30g
- 塩…ひとつまみ

作り方

1
バットにオーブンシートを敷く。小鍋にメープルシロップと塩を入れて弱めの中火にかける。写真のようにふつふつと沸いて、気泡が大きくなったら〔a〕好みのナッツを加えて全体に混ぜ合わせる。

2
全体にメープルシロップがからまってぽろぽろとしたら、1のオーブンシートに広げて冷ます〔b〕。

さつまいもの
パウンドケーキ

ほっくり蒸したさつまいものやさしい甘みに、
黒ごまの食感と香ばしさがアクセント。
さつまいもは皮付きのまま加えると彩りもよく、
風味も豊かです。

材料（21.5×8×5.5cmのパウンド型1台分）

A
- 米粉…120g
- アーモンドプードル…60g
- 片栗粉…40g
- ベーキングパウダー…小さじ$1\frac{1}{2}$（6g）
- 重曹…小さじ$\frac{1}{3}$（2g）

B
- 豆乳…130mℓ
- てんさい糖…50g
- レモン汁…大さじ$1\frac{1}{3}$
- 塩…ひとつまみ
- 植物油…60g

さつまいも…120g
黒ごま…10g

準備

パウンド型にオーブンシートを敷く（→p.36）。
オーブンを180℃に予熱する。

作り方

1
さつまいもは1.5cm角に切って柔らかく蒸す。

2
37ページのプルーンのパウンドケーキの作り方を参照し、1～3と同様にして生地を作り、1をトッピング用に少量残して黒ごまとともに加え、全体に混ぜる。

3
型に流し入れ、表面を平らにして残りのさつまいもを全体に散らし、180℃のオーブンで10分、170℃に下げて25～30分焼く。

4
こんがり焼き色がつき、串を刺して生地がついてこなければ、型から出して網にのせ、乾いたふきんをかけて冷ます。

にんじんと生姜のパウンドケーキ

にんじんの自然な甘みに、
生姜のほのかな辛みと風味がアクセント。
甘酸っぱいレーズンがそれぞれの味をつないで
一体感を出しています。

材料(21.5×8×5.5cmのパウンド型1台分)

A
- 米粉…130g
- コーンミール…50g
- 片栗粉…30g
- ベーキングパウダー…小さじ$1\frac{1}{2}$(6g)
- 重曹…小さじ$\frac{1}{3}$(2g)

B
- 豆乳…90mℓ
- にんじん(すりおろし)…150g
- 生姜(すりおろし)…大さじ1
- てんさい糖…40g
- レモン汁…大さじ1
- 植物油…60g

レーズン…50g

準備

パウンド型にオーブンシートを敷く(→p.36)。

オーブンを180℃に予熱する。

作り方

1

37ページのプルーンのパウンドケーキの作り方を参照し、1～3と同様にして生地を作り、レーズンを加えて全体に混ぜる。

*にんじんの水分が少なければ豆乳を少し足してください。

2

型に流し入れ、表面を平らにして180℃のオーブンで10分、160℃に下げて25～30分焼く。

3

こんがり焼き色がつき、串を刺して生地がついてこなければ、型から出して網にのせ、乾いたふきんをかけて冷ます。

小松菜のパウンドケーキ

目にも鮮やかな緑色は、
小松菜を生のまま使うから。
小松菜の青々とした風味を感じますが、
クセのない味わいです。

材料(21.5×8×5.5cmのパウンド型1台分)

A
- 米粉…120g
- アーモンドプードル…40g
- 片栗粉…30g
- ベーキングパウダー…小さじ1 1/2(6g)
- 重曹…小さじ1/3(2g)
- 塩…小さじ1/3

B
- 豆乳…100mℓ
- 小松菜(葉と茎)…70g
- てんさい糖…40g
- レモン汁…大さじ1
- 植物油…35g

準備

パウンド型にオーブンシートを敷く(→p.36)。

オーブンを180℃に予熱する。

作り方

1

Bの小松菜は2cm長さに切り、豆乳とともにハンドブレンダーにかけてなめらかにし、ボウルに移して残りのBを加える。

2

37ページのプルーンのパウンドケーキの作り方を参照し、1〜3と同様にして生地を作る。

3

型に流し入れ、表面を平らにして180℃のオーブンで10分、160℃に下げて25〜30分焼く。

4

こんがり焼き色がつき、串を刺して生地がついてこなければ、型から出して網にのせ、乾いたふきんをかけて冷ます。

とうもろこしのパウンドケーキ

とうもろこしの粒とペーストをどちらも混ぜることで、
自然な甘みが生地全体に行きわたり
風味豊かに焼き上がります。
断面をカリッと焼くと、香ばしさが広がります。

材料（21.5×8×5.5cmのパウンド型1台分）

A
- 米粉…130g
- コーンミール…50g
- 片栗粉…40g
- ベーキングパウダー…小さじ$1\frac{1}{2}$（6g）
- 重曹…小さじ$\frac{1}{3}$（2g）
- 塩…小さじ$\frac{1}{3}$

B
- 豆乳…100mℓ
- とうもろこし（蒸して粒をはずしたもの）…60g
- てんさい糖…30g
- レモン汁…大さじ1
- 植物油…30g

とうもろこし（蒸して粒をはずしたもの）…60g

準備

パウンド型にオーブンシートを敷く（→p.36）。

オーブンを180℃に予熱する。

作り方

1
Bのとうもろこしと豆乳はハンドブレンダーにかけてなめらかにし、ボウルに移して残りのBを加えて混ぜる。
＊とうもろこしの粒は少し残っていてもよい。

2
37ページのプルーンのパウンドケーキの作り方を参照し、1～3と同様にして生地を作る。最後にとうもろこしを加えて全体に混ぜ合わせる。

3
型に流し入れ、表面を平らにして180℃のオーブンで10分、160℃に下げて25～30分焼く。

4
こんがり焼き色がつき、串を刺して生地がついてこなければ、型から出して網にのせ、乾いたふきんをかけて冷ます。

バナナブレッド

バナナの風味がふんわり香るしっとりケーキ。
バナナの甘みを生かして、加える甘みは最小限にしています。
養生園ではできるだけその土地のものを使うため
バナナを使うことはありませんが、
しっとり仕上がるのでグルテンフリーには重宝します。

材料（15.5cm角×高さ3.5cmの型1台分）

A
- 米粉…150g
- 片栗粉…20g
- ベーキングパウダー…小さじ1 1/2（6g）
- 重曹…小さじ1/3（2g）
- 塩…ひとつまみ

B
- バナナ…70g（約2/3本）
- レモン汁…大さじ1
- てんさい糖…30g
- 豆乳…70ml
- 植物油…50g

バナナ（飾り用。1cm厚さの輪切り）…9枚

準備

型にオーブンシートを敷く。
オーブンは160℃に予熱する。

作り方

1
ボウルにBのバナナを手で一口大にちぎり入れ、レモン汁を加えてフォークで押しつぶしてとろとろにする。残りのBを加えてよく混ぜる。

バナナは多少かたまりが残っていてもよい。

2
37ページのプルーンのパウンドケーキの作り方を参照し、1〜3と同様にして生地を作る。

3
型に流し入れ、表面を平らにして飾り用のバナナをのせ、160℃のオーブンで35〜40分焼く。

4
こんがり焼き色がつき、串を刺して生地がついてこなければ、型から出して網にのせ、乾いたふきんをかけて冷ます。

ほうじ茶マフィン
レモンティーマフィン

抹茶マフィン
ルイボスティーマフィン

基本のマフィン生地

基本の生地作りを覚えると、味を替えてさまざまなマフィンが作れます。
作り方はAとBそれぞれを混ぜ、合わせて混ぜて焼くだけ。
とても簡単なので思い立ったらぜひ。
ここでは簡単に味が替えられるお茶のバリエーションをご紹介します。

材料(直径5.5×高さ3.5cmのマフィン型6個分)

A
- 米粉…90g
- アーモンドプードル…25g
- 片栗粉…20g
- ベーキングパウダー…小さじ$1\frac{1}{4}$(5g)

B
- 豆乳…80mℓ
- レモン汁…大さじ1
- てんさい糖…40g
- 植物油…40g

準備

マフィン型に紙カップを敷く。
オーブンを180℃に予熱する。

作り方

1
ボウルにAを入れ、泡立て器で均一に混ぜる。別のボウルにBを入れ、泡立て器でよく混ぜ、てんさい糖を溶かして乳化させる。

2
Aのボウルに Bを加え、泡立て器で生地がなめらかになるまでよく混ぜる。

3
型に流し入れ、180℃で10分、170℃に下げて15分焼く。こんがり焼き色がつき、串を刺して生地がついてこなければ、型から出して網にのせ、乾いたふきんをかけて冷ます。

レモンティーマフィン

アールグレイの上品な香りに、
レモンのさわやかな風味が心地よいマフィンです。
お好みの茶葉に替えたり、オレンジの薄切りを
のせたりなど自由にお楽しみください。

材料(直径5.5×高さ3.5cmのマフィン型6個分)

基本のマフィン生地の材料(左)…全量
紅茶の葉(アールグレイ)…大さじ1
レモン(5mm厚さの輪切り)…6枚

作り方

1
基本のマフィン生地と同様に準備する。Aに紅茶の葉を加え、作り方1〜2と同様に生地を作る。

2
型に生地を流し入れてレモンを上にのせ、基本のマフィン生地と同様に焼いて冷ます。

ほうじ茶マフィン

黒豆煮をちょこんとのせた愛らしい姿のマフィン。
香ばしいほうじ茶のほのかな香りに癒やされます。
黒豆煮は手作りでも市販のものでも。

材料（直径5.5×高さ3.5cmのマフィン型6個分）

基本のマフィン生地の材料（左）…全量
ほうじ茶の葉（細かくする）＊…大さじ1
黒豆煮…60g

＊すり鉢やミルサーを使用する。

作り方

1
基本のマフィン生地と同様に準備する。Aにほうじ茶の葉を加え、黒豆煮は少量を飾り用に取り置いてBに加え、作り方1～2と同様に生地を作る。

2
型に生地を流し入れ、1で取り置いた黒豆煮をのせる。基本のマフィン生地と同様に焼いて冷ます。

抹茶マフィン

抹茶の風味をしっかり堪能できるマフィンです。
抹茶は飲んでおいしいものを使うと、より風味豊かに仕上がります。

材料（直径5.5×高さ3.5cmのマフィン型6個分）

基本のマフィン生地の材料（左）…全量
抹茶（粉末）…大さじ1

作り方

1
基本のマフィン生地と同様に準備する。Aに抹茶を加え、作り方1～2と同様に生地を作る。

2
型に生地を流し入れ、基本のマフィン生地と同様に焼いて冷ます。

ルイボスティーマフィン

ルイボスティーはカフェインフリーなので小さなお子さんにも安心。特有の風味を生かしながら香ばしく焼き上げます。

材料（直径5.5×高さ3.5cmのマフィン型6個分）

基本のマフィン生地の材料（左）…全量
ルイボスティーの茶葉…大さじ1

作り方

1
基本のマフィン生地と同様に準備する。Aにルイボスティーの茶葉を加え、作り方1～2と同様に生地を作る。

2
型に生地を流し入れ、基本のマフィン生地と同様に焼いて冷ます。

りんごマフィン

果物が豊富な信州で、
りんごはひときわ身近な存在です。
おやつにすることも多く、
養生園でもたびたび登場します。
甘酸っぱいフレッシュな風味を楽しんでください。

材料(直径5.5×高さ3.5cmの型6個分)

A
- 米粉…90g
- アーモンドプードル…20g
- 片栗粉…20g
- ベーキングパウダー…小さじ$1\frac{1}{4}$(5g)

B
- 豆乳…80mℓ
- レモン汁…大さじ1
- てんさい糖…40g
- 植物油…40g

りんご(いちょう切り)…小$\frac{1}{2}$個分

準備

マフィン型に紙カップを敷く。
オーブンを180℃に予熱する。

作り方

1
48ページの基本のマフィン生地の作り方を参照し、1〜2と同様に生地を作る。りんごは飾り用に少量取り置いて加え、全体に混ぜる。

2
型に流し入れ、1で取り置いたりんごをのせる。

3
180℃で10分、170℃に下げて15〜20分焼く。こんがり焼き色がつき、串を刺して生地がついてこなければ、型から出して網にのせ、乾いたふきんをかけて冷ます。

いちごジャムのマフィン

プレーンな生地にいちごジャムを加えた
お手軽なジャムマフィン。
生地に混ぜ込まないので、
風味が際立ち印象的な味わいに。
マーマレードやブルーベリーなどでもお試しください。

材料（直径5.5×高さ3.5cmの型6個分）

A
- 米粉…90g
- アーモンドプードル…20g
- 片栗粉…20g
- ベーキングパウダー…小さじ$1\frac{1}{4}$（5g）
- 塩…ひとつまみ

B
- 豆乳…80mℓ
- レモン汁…大さじ1
- てんさい糖…30g
- 植物油…40g

いちごジャム…小さじ6
アーモンドスライス…適量

準備

マフィン型に紙カップを敷く。
オーブンを180℃に予熱する。

作り方

1
48ページの基本のマフィン生地の作り方を参照し、1～2と同様に生地を作る。

2
型の7分目くらいまで1を入れ、いちごジャムを小さじ1ずつのせ、残りの生地をのせる。アーモンドスライスをのせる。

3
180℃で10分、170℃に下げて15～20分焼く。こんがり焼き色がつき、串を刺して生地がついてこなければ、型から出して網にのせ、乾いたふきんをかけて冷ます。

プレーンクッキー

米粉のクッキーはしっかり焼いて、歯ごたえと
素朴な粉の風味を楽しみます。シンプルでありながら
飽きのこない味わい深さが魅力です。
今回は切り分けていますが、
お好きな型で抜いて焼くこともできます。

材料（5㎝角のもの9枚分）

A
- 米粉…80g
- アーモンドプードル…50g
- 片栗粉…20g
- てんさい糖…30g
- 塩…ひとつまみ

B
- 豆乳…40mℓ
- 植物油…40g

準備

オーブンを160℃に予熱する。

作り方

1
ボウルにAを入れ、泡立て器で均一に混ぜる。別のボウルにBを入れ、泡立て器でよく混ぜて乳化させる。

2
AのボウルにBを加え、ゴムべらでなじませるようにして混ぜ、粉っぽさがなくなったら手でまとめる。

3
バットを裏返してラップを敷き、2をのせてラップをかぶせ、麺棒で約8㎜厚さに伸ばす〔a〕。縁を整えて〔b〕15㎝角にする。ラップに包んだままバットごと冷蔵庫で30分ほど休ませる。

4
オーブンシートにのせて5㎝角にカットし、天板にのせて160℃のオーブンで10分焼き、150℃に下げて約20分焼く。天板の上で冷ます。

ジャムサンド

素朴なプレーンクッキーはお好みのジャムを
はさんでお楽しみいただけます。
ジャムは全体に広げず中央のみにのせると
きれいにはさめます。はさんだままおくと、
クッキーが水分を吸ってふやけるので、
食べる直前にはさんでください。

ココア＆ココナッツクッキー

ココア生地にココナッツやペカンナッツを加えて、
風味豊かに焼き上げます。
ナッツのコクがアクセントになり、
ちょっぴりほろ苦いココア味が引き立ちます。

材料（3cm角のもの25枚）

A
- 米粉…65g
- アーモンドプードル…40g
- ココアパウダー…15g
- ココナッツファイン…25g
- てんさい糖…30g
- 塩…ひとつまみ

B
- 豆乳…35ml
- 植物油…35g

ペカンナッツ（粗く刻む）…35g

準備

オーブンを160℃に予熱する。

作り方

1

53ページのプレーンクッキーの作り方を参照し、1と同様に生地を作り、作り方2でゴムべらで混ぜて粉っぽさがなくなったらペカンナッツを加えて全体に均一になるように混ぜ、手でひとまとめにする。

2

作り方3と同様に形を整えて冷蔵庫で休ませる。オーブンシートにのせて3cm角にカットし、作り方4と同様に焼いて冷ます。

チャイスパイスクッキー

チャイ用のスパイスを混ぜ込んだ
エキゾティックなクッキー。
ジンジャーのほのかな辛みと、シナモンの香りや
カルダモンのさわやかな後味がクセになります。

材料（直径5cmのもの9〜10枚）

A
- 米粉…80g
- アーモンドプードル…40g
- 片栗粉…20g
- てんさい糖…35g
- ルイボスティーの茶葉…大さじ1
- シナモンパウダー…小さじ1/2
- ジンジャーパウダー…小さじ1/4
- カルダモンパウダー…小さじ1/4

B
- 豆乳…40mℓ
- 植物油…40g

＊市販のチャイ用ミックススパイスを使用してもよい。

準備

オーブンを160℃に予熱する。

作り方

1

53ページのプレーンクッキーの作り方を参照し、1〜3と同様に生地を作り、冷蔵庫で休ませる。

2

好みの型で抜き、作り方4と同様に焼いて冷ます。

カシューナッツのブロッククッキー

生地を軽くまとめた手軽なクッキー。
ざくざく食感の生地とコクのある
カシューナッツのバランスがよく、
ついつい手が伸びるおいしさです。

材料（直径3cmのもの16個分）

A
- 米粉…50g
- アーモンドプードル…30g
- 片栗粉…15g
- てんさい糖…30g
- ベーキングパウダー…小さじ$1/2$（2g）
- 塩…ひとつまみ

B
- 豆乳…15mℓ
- 植物油…25g
- メープルシロップ…10g

カシューナッツ（粗く刻む）…35g

カシューナッツは食感と風味が出るように、粗く刻む。

ココアとカランツのブロッククッキー

ざくざくとした食感の
ほろ苦いココア生地に、
柔らかく甘酸っぱいカランツを混ぜて、
それぞれの食感や味を際立たせました。

材料（直径3cmのもの16個分）

A
- 米粉…50g
- アーモンドプードル…30g
- てんさい糖…30g
- ココアパウダー…10g
- ベーキングパウダー…小さじ$1/2$（2g）
- 塩…ひとつまみ

B
- 豆乳…15mℓ
- 植物油…25g
- メープルシロップ…10g

カランツ…30g

準備

天板にオーブンシートを敷く。
オーブンを160℃に予熱する。

作り方

1
ボウルにAを入れ、泡立て器で均一に混ぜる。別のボウルにBを入れ、泡立て器でよく混ぜて乳化させる。

2
AのボウルにBを加え、ゴムべらで押しつけるようにして混ぜ、粉っぽさがなくなったらカシューナッツまたはカランツを加えて手でまとめる。

3
2の生地を16等分してオーブンシートにのせ、ひとつずつ手で軽くまとめる。

ざっくりとした食感を出すため、表面を軽く整える程度でOK。

4
160℃のオーブンで20分、150℃に下げて15分焼き、天板の上で冷ます。

スノーボール

いちごのスノーボール
きなこのスノーボール
紫いものスノーボール

スノーボール

口の中でほろほろとくずれるスノーボールは、
米粉で作るとしみじみと味わいのある仕上がりに。
粉類の組み合わせを少し替えると
さまざまな味が楽しめます。

材料（直径3cmのもの12個分）

A
- 米粉…40g
- アーモンドプードル…30g
- コーンミール…10g
- てんさい糖…15g
- 塩…少量

B
- 豆乳…10mℓ
- 植物油…30g

てんさい糖…大さじ1

準備

天板にオーブンシートを敷く。
オーブンを160℃に予熱する。

作り方

1
ボウルにAを入れ、泡立て器で均一に混ぜる。別のボウルにBを入れ、泡立て器でよく混ぜて乳化させる。

2
AのボウルにBを加えてゴムべらで混ぜ、粉っぽさがなくなったら手でひとまとめにする。12等分して一つずつ丸めてオーブンシートに並べる。

3
160℃のオーブンで15分、150℃に下げて10〜15分焼く。うっすら焼き色がついたら、天板にのせたまま冷ます。

4
3の粗熱が取れたらポリ袋にてんさい糖とともに入れる。空気を入れて袋の口を縛って軽くふってまぶす。

きなこのスノーボール

なつかしい日本のきなこの
おやつを思わせる
香ばしいスノーボールです。
コーンミールをきなこに替えて、
ややしっとりと焼き上げます。

材料（直径3cmのもの12個分）

A
- 米粉…40g
- アーモンドプードル…20g
- きなこ…20g
- てんさい糖…15g
- 塩…少量

B
- 豆乳…10mℓ
- 植物油…30g

きなこ…小さじ2
てんさい糖…小さじ1

作り方

1
60ページのスノーボールと同様に準備する。作り方1〜3と同様に生地を作って焼き、冷ます。

2
1の粗熱が取れたら、ポリ袋にきなことてんさい糖とともに入れ、同様にまぶす。

いちごのスノーボール

かわいらしいピンク色が映える
いちご味のスノーボール。
甘酸っぱいさわやかな
いちご風味が
口いっぱいに広がります。

材料（直径3cmのもの12個分）

A
- 米粉…40g
- アーモンドプードル…20g
- 片栗粉…20g
- てんさい糖…15g
- いちごパウダー…小さじ1
- 塩…少量

B
- 豆乳…10mℓ
- 植物油…30g

いちごパウダー…小さじ1
てんさい糖…小さじ2

作り方

1
60ページのスノーボールと同様に準備する。作り方1〜3と同様に生地を作って焼き、冷ます。

2
1の粗熱が取れたら、ポリ袋にいちごパウダーとてんさい糖とともに入れ、同様にまぶす。

紫いものスノーボール

ぶどうのような紫色の
スノーボールは実は紫いも。
自然のやさしい甘みが生きる、
ほっとする味わいです。

材料（直径3cmのもの12個分）

A
- 米粉…40g
- アーモンドプードル…20g
- 片栗粉…20g
- てんさい糖…15g
- 紫いもパウダー…小さじ1
- 塩…少量

B
- 豆乳…10mℓ
- 植物油…30g

紫いもパウダー…小さじ1
てんさい糖…小さじ2

作り方

1
60ページのスノーボールと同様に準備する。作り方1〜3と同様に生地を作って焼き、冷ます。

2
1の粗熱が取れたら、ポリ袋に紫いもパウダーとてんさい糖とともに入れ、同様にまぶす。

じゃがいも＆ハーブのクラッカー

ほのかにポテトスナックの風味がする
おつまみ感覚のクラッカー。
ハーブはバジル以外にオレガノやタイム、
ローズマリーなどお好みで。
薄く焼いてサクサク、パリパリ感をお楽しみください。

材料（6×2cmのもの15〜16枚分）

A
米粉…50g
アーモンドプードル…20g
片栗粉…10g
バジル（乾燥）…小さじ1
塩…小さじ1/4

B
じゃがいも（すりおろし）…20g
豆乳…10mℓ
植物油…25g

塩…適量

準備

オーブンを150℃に予熱する。

作り方

1
ボウルにAを入れ、泡立て器で均一に混ぜる。別のボウルにBを入れて、泡立て器でよく混ぜて乳化させる。

2
AのボウルにBを加え、ゴムべらで押しつけるようにして混ぜ、粉っぽさがなくなったら手でひとまとめにする。

3
バットの裏などにオーブンシートを広げ、2をおく。ラップをかけて手で軽く押さえ、麺棒で2mm厚さに伸ばす〔a〕。6×2cmに切り分け〔b〕、塩をふってシートごと天板に移す。

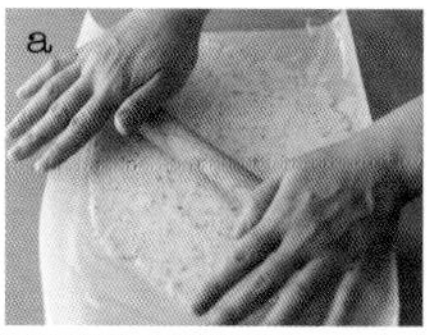

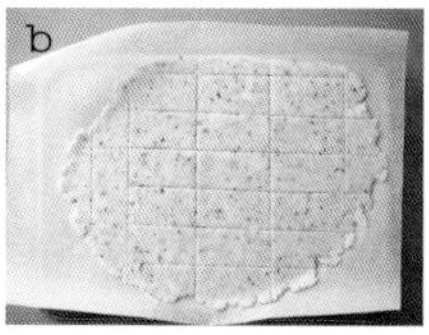

4
150℃のオーブンで約30分焼き、天板のまま冷まして切り目に沿って割る。

じゃがいも＆カレーのクラッカー

ハーブをカレー粉に替えて作るクラッカーは、
オーブンからただよう香りに焼き上がりが待ちきれません。

材料と作り方

じゃがいも＆ハーブのクラッカーの材料Aのバジルをカレー粉小さじ1/2に替え、同様に生地を作って焼く。

コーンミールの クラッカー

パリパリサクサクのクラッカーをコーンミールで作ると、
ほろほろとした食感に仕上がります。
とうもろこしの香ばしさも加わって
後を引くおいしさに。

材料（5×4cmのもの15〜16枚分）

A
- 米粉…30g
- コーンミール…30g
- アーモンドプードル…20g
- てんさい糖…ひとつまみ
- 塩…小さじ1/3

B
- 豆乳…20mℓ
- 植物油…20g

塩…適量

準備と作り方

63ページのじゃがいも＆ハーブのクラッカーと同様に生地を作り、5×4cmの切り目を入れて焼いて冷まして切り目に沿って割る。

酒粕のクラッカー

酒粕の豊かな風味が楽しめるクラッカーです。
酒粕はチーズのようなコクがあるので、
味がピリッと引き締まる
黒こしょうとの相性がぴったりです。

材料
（1辺が3〜3.5cmの三角形のもの約30枚分）

A
- 米粉…40g
- アーモンドプードル…15g
- 片栗粉…20g
- 塩…小さじ1/4

B
- 酒粕…10g
- 豆乳…20mℓ
- 植物油…15g

塩…適量
黒こしょう…適量

準備と作り方

63ページのじゃがいも＆ハーブのクラッカーと同様に生地を作り、1辺3〜3.5cmの三角形の切り目を入れる。塩と黒こしょうをふって焼き、冷まして切り目に沿って割る。

黒豆&きなこのビスコッティ

3度焼いてしっかり焼き締めた
歯ごたえが特徴のビスコッティ。
きなこと黒豆の香ばしさが
口いっぱいに広がります。
絹ごし豆腐で適度な歯ごたえに。

材料
(10cm長さ、1cm幅のもの12個分)

A
- 米粉…60g
- アーモンドプードル…15g
- きなこ…25g
- てんさい糖…45g
- ベーキングパウダー…小さじ1/2(2g)

B
- 絹ごし豆腐…60g
- 植物油…20g
- 塩…ひとつまみ

黒豆煮…35g

準備

天板にオーブンシートを敷く。
オーブンを160℃に予熱する。

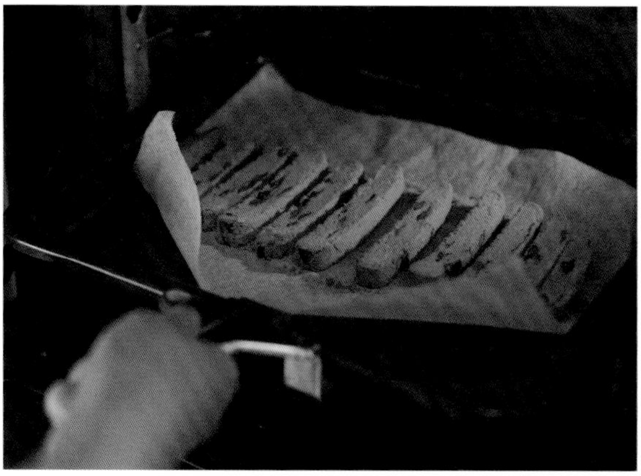

作り方

1
ボウルにAを入れ、泡立て器で均一に混ぜる。別のボウルにBを入れ、泡立て器でよく混ぜて乳化させる。

2
AのボウルにBを加え、ゴムべらで全体をなじませるように混ぜ、黒豆煮を加えて軽く混ぜる。手でひとまとめにする。

3
オーブンシートを敷いた天板に2をのせ、約1.5cm厚さの楕円状に形作り、160℃のオーブンで20分焼く。

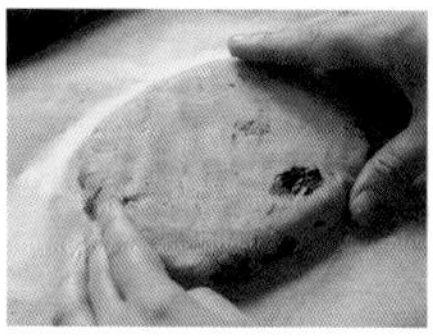

4
オーブンシートごと天板からはずして完全に冷まし、1cm幅に切って断面を上にして並べる。天板に戻して150℃のオーブンで20分焼く。

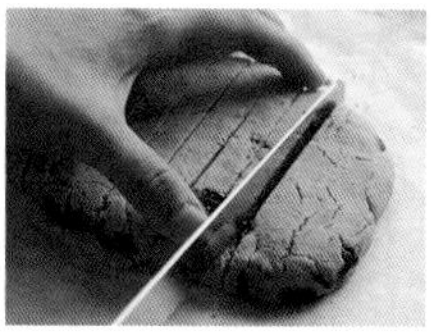

5
再び裏返して150℃のオーブンで15〜20分焼く。表面がカリッとしたら天板のまま冷ます。

コーヒーのビスコッティ

ほろ苦いコーヒー風味の生地に、
香ばしいアーモンドを混ぜて焼き上げました。
養生園では一般的なコーヒーではなく
穀物コーヒーを使っています。
ここでは手軽にインスタントコーヒーを使用する
レシピを紹介します。

材料
(10cm長さ、1cm幅のもの12個分)

A
- 米粉…60g
- アーモンドプードル…20g
- インスタントコーヒー*…10g
- てんさい糖…45g
- ベーキングパウダー…小さじ1/2(2g)

B
- 絹ごし豆腐…60g
- 植物油…15g
- 塩…ひとつまみ

アーモンド(粗く刻む)…40g

*オーガニックのものがおすすめ。カフェインが気になるかたは、穀物コーヒー10gで代用可。

準備と作り方

1
67ページの黒豆&きなこのビスコッティと同様に準備する。作り方1〜2と同様に作り、黒豆の代わりにアーモンドを加えて生地を作る。

2
作り方3〜5と同様に形作って焼き、カットして焼き、裏返して焼いて冷ます。

part 3

ケーキとタルト

誕生日やクリスマスなどちょっと特別な日にも、
小麦粉や動物性食品を使わないお菓子作りを。
気負わず簡単に作れるから、はじめてでも大丈夫。
みんなが喜ぶデコレーションケーキや
タルトが作れます。

いちごのショートケーキ

いちごのショートケーキもグルテンフリーで簡単に作れます。
生地そのものに味わいのあるしっとりとしたスポンジ。
豆乳クリームに包まれているので、時間が経っても乾きにくくしっとり。
お誕生日などお祝いのときにもおすすめ。

いちごのショートケーキ

材料（直径18×高さ6cmの丸型1台分）

A
- 米粉…180g
- アーモンドプードル…60g
- 片栗粉…40g
- ベーキングパウダー…小さじ2（8g）
- 重曹…小さじ1/3（2g）

B
- 豆乳ヨーグルト…300g
- てんさい糖…80g
- 塩…ひとつまみ
- 植物油…80g

豆乳クリーム（→p.98）…約1.5倍量

いちご…1パック

ミントの葉…適量

準備

型に合わせてオーブンペーパーをカットし、側面に数か所切り込みを入れる〔a〕。型に敷き込む〔b〕。

オーブンを170℃に予熱する。

1 ボウルにAを入れ、泡立て器で均一に混ぜる。別のボウルにBを入れ、泡立て器でよく混ぜて乳化させる。

Bはよく混ぜててんさい糖をしっかり溶かす。

2 AのボウルにBを加え、泡立て器で全体によく混ぜる。

3 型に流し入れ、170℃のオーブンで30分、表面に少し焼き色がつくまで焼く。

4 串を刺して生地がついてこなければ、網にのせて冷ます。表面が平らになるように包丁でそぐように切り、厚みを半分にする。

5 下段に豆乳クリームをのせて広げ、いちごの半量を7mm厚さに切って並べる。さらに豆乳クリームをのせて広げ、上段のスポンジをかぶせる。全体に豆乳クリームを広げのばし、いちごとミントを飾る。

ココアのケーキ

甘さを控えたココア風味の生地と
豆乳ココアクリームで
まるでチョコレートケーキのような仕上がり。
ナッツやカランツを冠のように飾ると
華やかさが増します。

材料（直径18×高さ5cmの丸型1台分）

A
- 米粉…180g
- ココアパウダー…40g
- アーモンドプードル…40g
- 片栗粉…40g
- ベーキングパウダー…小さじ2（8g）
- 重曹…小さじ1/3（2g）

B
- 豆乳ヨーグルト…300g
- てんさい糖…40g
- 塩…ひとつまみ
- 植物油…100g

豆乳ココアクリーム（→p.99）…全量

好みのナッツ（ピスタチオ、カシューナッツ、アーモンドなど）…適量

カランツ…適量

準備と作り方

1
72ページのいちごのショートケーキと同様に準備する。作り方1～4と同様に生地を作って焼き、冷めたら表面をそぎ切り平らにする。
＊生地の間にクリームをはさまないので厚みを半分にしません。

2
豆乳ココアクリームを中央にのせ、広げながらのばして塗る。好みのナッツとカランツで飾る。

ブルーベリーのタルトレット

ブルーベリーをたっぷりのせた小さなタルトの、
愛らしい姿にみんなにっこり。
手で生地を敷き込む
気軽さもうれしい。

材料（直径7cmのタルトレット型6個分）

タルト生地

A
- 米粉…70g
- アーモンドプードル…55g
- オートミール（粉末状にする）*…10g
- 片栗粉…15g
- てんさい糖…25g
- 塩…少量

B
- 豆乳…30mℓ
- 植物油…40g

豆乳カスタードクリーム（→p.98）…約1/2量

ブルーベリー…約300g

ナパージュ（作りやすい量）

りんごジュース（100%）…100mℓ

葛粉…小さじ2/3（2g）

寒天パウダー…小さじ1/2（1g）

*ミルサーやすり鉢などを使用する。

準備

タルトレット型に植物油を塗る。
オーブンを170℃に予熱する。

タルト生地を作る

1

ボウルにAを入れ、泡立て器で均一に混ぜる。別のボウルにBを入れて泡立て器でよく混ぜて乳化させる。AのボウルにBを加える。

2

ゴムべらで押しつけるようにして全体によく混ぜ、粉っぽさがなくなったら手でひとまとめにする。

生地を敷き込んで焼く

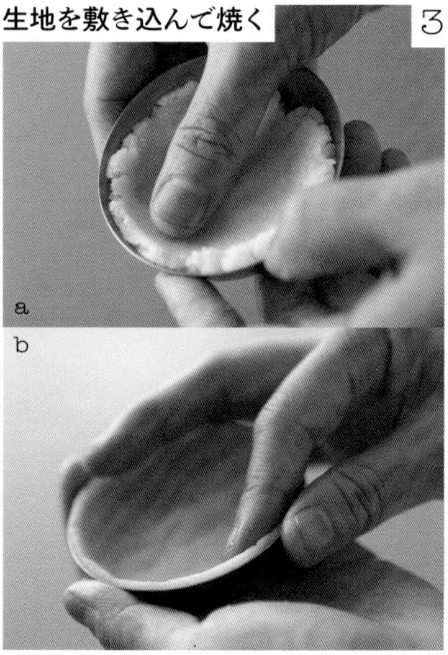

3 2を6等分して型にのせ、手で押し伸ばして厚みが均一になるように敷き込む〔a〕。縁を整える〔b〕。

底にフォークで3か所ほど穴を開け、170℃のオーブンで30分焼く。型から出して網にのせて冷ます。

4

クリームとブルーベリーを詰める

豆乳カスタードクリームを詰め、ブルーベリーをのせる。

＊ブルーベリーは縁に沿って並べてから中央を埋めるようにのせるときれい。

5

ナパージュを作って塗る

6 小鍋にナパージュの材料をすべて入れ、火にかけて混ぜながら溶かす。ふつふつし始めたら弱火で約2分混ぜながら火を通す。

6が熱いうちに5のブルーベリーにかけて固定する。

＊ちょっと食べにくくなりますが、ナパージュをかけずに仕上げても。

7

かぼちゃのタルト

ほくほくのかぼちゃをペースト状にして、
ぎっしり詰めて焼き上げました。
プルーンの甘酸っぱさでかぼちゃの甘みが引き立ち、
素朴でありながらメリハリのある味わいです。

材料（直径20cmのタルト型１台分）

タルト生地の材料（→p.77）…全量

かぼちゃクリーム

- かぼちゃ（皮をむいたもの）…320g
- てんさい糖…60g
- 豆乳…80mℓ
- 寒天パウダー…小さじ1 1/2（3g）
- 葛粉…小さじ1 2/3（5g）
- 植物油…大さじ2
- シナモンパウダー…小さじ1/2

プルーン（4～5等分する）…75g

豆乳クリーム（→p.98。お好みで）…適量

セルフィーユ（飾り用）…適量

準備

タルト型に植物油を塗る。
オーブンを170℃に予熱する。
かぼちゃは一口大に切って蒸す。

食べるときはお好みで豆乳クリームを添えてください。

生地を作って焼く

1

77ページのブルーベリーのタルトレットのタルト生地の作り方を参照し、1～2と同様にして生地を作る。

2

ラップを広げて生地をのせ、上からもラップをかぶせる。タルト型よりひとまわり大きくなるように麺棒で伸ばす。

a

b

3

上のラップをはずし、型を裏側にしてのせ〔a〕、ラップごとひっくり返す。ラップの上から角と縁に沿わせるように指で押さえる〔b〕。

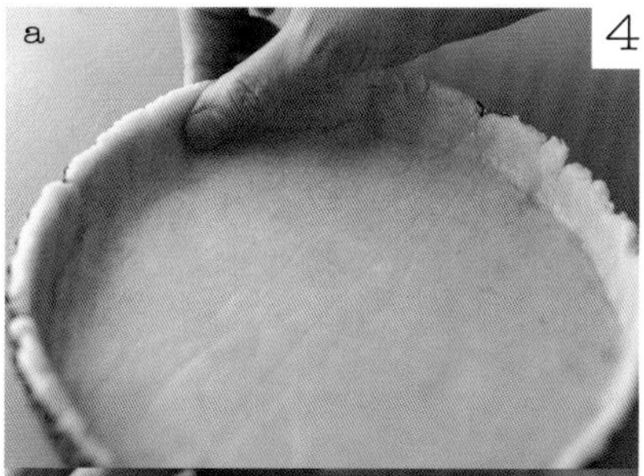

4 ラップをはずして指で縁を型に押しつける〔a〕。麺棒を転がして余分な生地を落とし〔b〕、落とした生地は薄い部分に補強する。再び指で縁を型に押しつけて整える。

5 底にフォークで20か所ほど穴を開け、170℃のオーブンで10分焼く。

かぼちゃクリーム作る

6 かぼちゃはフォークで軽くつぶし、てんさい糖を加えてさらにつぶす。

7 かぼちゃクリームの残りの材料をすべて加え、泡立て器でなめらかになるまでよく混ぜ、プルーンを加えて均一に混ぜる。

かぼちゃクリームを詰めて焼く

8 5のタルト生地に7を入れ、表面を平らにする。160℃のオーブンで30〜40分焼き、網にのせて粗熱を取り、冷蔵庫で冷やす。

りんごのタルト

養生園では秋になるとりんごのお菓子をよく作ります。
今回ご紹介するタルトは、甘酸っぱいりんごの
フレッシュな風味をそのまま生かしています。
濃厚でありながら軽い後味の
アーモンドクリームとも好相性。

材料（直径20cmのタルト型1台分）

タルト生地の材料（→p.77）…全量

アーモンドクリーム

A
- アーモンドプードル…50g
- 米粉…40g
- てんさい糖…小さじ2
- ベーキングパウダー…小さじ$1\frac{1}{2}$(6g)

B
- 豆乳…30mℓ
- 植物油…15g
- メープルシロップ…大さじ1

りんご…大1個
てんさい糖…小さじ2
レモン汁…小さじ$\frac{1}{2}$

準備

タルト型に植物油を塗る。
オーブンは170℃に予熱する。

作り方

タルト生地を作って焼く

1
77ページのブルーベリーのタルトレットのタルト生地の作り方を参照し、1〜2と同様に生地を作る。

2
80ページのかぼちゃのタルトの生地の作り方と焼き方を参照し、2〜5と同様に型に敷いて焼く。

アーモンドクリームを作る

3
ボウルにAを入れ、泡立て器で均一に混ぜる。別のボウルにBを入れ、泡立て器でよく混ぜて乳化させる。AのボウルにBを加え、ゴムべらで全体によく混ぜる。

りんごの準備をする

4
りんごは2cm角ほどに切っててんさい糖とレモン汁をからめる。

アーモンドクリームとりんごを詰めて焼く

5
2のタルト生地に3を詰め、表面を平らにする。

6
4を皮が見えるようにランダムに並べる。170℃のオーブンで30〜40分焼き、串を刺して生地がついてこなければ型からはずして網の上で冷まし、冷蔵庫で冷やす。
*りんごは焼くと縮むので重なっても大丈夫ですが、隙間なく詰めると空気が抜けずアーモンドクリームにしっかり火が通らなくなるので、注意してください。

グラノーラ

朝食にもおやつにも便利なグラノーラもグルテンフリーで作れます。
オートミールをメインに米粉や片栗粉、
ナッツ類とともに香ばしく焼き上げました。
カランツは焦げやすいので余熱で火を通します。

ヨーグルトと

パフェに

トッピングに

材料（作りやすい量）

A
- オートミール…100g
- 米粉…30g
- 片栗粉…10g
- てんさい糖…25g
- 好みのナッツ（アーモンド、くるみ、カシューナッツ、パンプキンシードなど）…合わせて50g

B
- メープルシロップ…大さじ3
- 植物油…30g
- 豆乳…20mℓ

カランツ…30g

準備

天板にオーブンシートを敷く。

オーブンを160℃に予熱する。

ナッツ類はパンプキンシードなどの小さいもの意外は粗く刻む。

作り方

1

ボウルにAを入れ、ゴムべらで均一に混ぜる。別のボウルにBを入れ、泡立て器でよく混ぜて乳化させる。

2

AのボウルにBを加え、ゴムべらで粉っぽさがなるまでよく混ぜる。

3

オーブンシートに広げて160℃のオーブンで15分焼く。

4

天板を取り出し、へらで全体に裏返す。ところどころかたまりが残る程度にほぐし、160℃のオーブンで15～20分、表面がカリッとするまで焼く。

しっとりとした部分があっても大丈夫。

5

再び天板を取り出し、カランツを広げのせる。へらで全体を返してそのまま余熱で全体をカリッとさせる。

part 4

プリンとアイスクリーム

牛乳や生クリーム、卵を使わないひんやりデザート。
口当たりがよく、満足感もある仕上がりです。
胃腸に負担が少なく食後にも軽やかに食べられる
レシピをご紹介します。

豆乳プリン

とろとろやさしい食感のプリンは鍋で煮溶かし、
器に入れて固めるだけの簡単レシピ。
卵は使わないけれど、葛粉と寒天のバランスで
なめらかに仕上がります。
ブルーベリーソースで見た目も味もさわやかに。

材料（4個分）

豆乳…600mℓ
葛粉…大さじ2（18g）
寒天パウダー…小さじ1（2g）
てんさい糖…40g
塩…ひとつまみ
ブルーベリーソース（下）…適量

ブルーベリーソース

材料（作りやすい量）

ブルーベリー…100g
メープルシロップ…20g
塩…少量

作り方

小鍋にすべての材料を入れて弱火にかける。沸いたらアクをすくいながら約3分煮て火を止める。

作り方

1
鍋に豆乳400mℓ、葛粉、寒天パウダー、てんさい糖、塩を加えてよく混ぜて溶かす。

2
弱めの中火にかけて混ぜながら沸かし、ふつふつとしてきたら弱火にして混ぜながら約3分煮る。

3
火を止めて残りの豆乳を加えて混ぜ、器に流し入れ粗熱を取って固める。冷蔵庫で冷やし、食べるときにブルーベリーソースをかける。

甘酒生姜プリン

ほんのり香る甘酒に生姜シロップが好相性。
寒天のみで固めたぷるんとした食感のプリン。
甘酒も寒天も腸内環境を整えてくれる
体にもやさしい食材です。

材料（4個分）

甘酒（濃縮タイプ。ノンアルコール）… 100g
豆乳… 400mℓ
水… 100mℓ
てんさい糖… 15g
寒天パウダー… 小さじ1（2g）
塩… 適量
クコの実（水に浸して戻す）… 適量
ジンジャーシロップ（下）… 適量

作り方

1
豆乳、水、てんさい糖、寒天パウダー、塩を鍋に入れ、よく混ぜて溶かす。弱めの中火にかけ、混ぜながら沸かし、ふつふつとしてきたら弱火にして約2分煮る。

2
火を止めて甘酒を加えてよく混ぜ、器に流し入れて粗熱が取れたら、冷蔵庫で冷やし固める。

3
食べるときにジンジャーシロップをかけてクコの実を添える。

ジンジャーシロップ

材料（作りやすい量）

生姜（薄切り）… 150g
てんさい糖… 150g
水… 200mℓ
レモン汁… 大さじ1

作り方

1
鍋にてんさい糖と水を入れて中火にかけて溶かし、沸いてきたら約5分煮詰める。

2
生姜を加え、沸いたら弱火にして約10分煮る。火を止めてレモン汁を加えて混ぜる。

＊生姜は料理にも使えます。せん切りにしてにんじんと生姜のパウンドケーキ（→p.41）に加えても。

さつまいもプリン

養生園でデザートとしてよくお出しするこのプリンは、
レシピを知りたい！ という声が多く
喜ばれるデザート。
さつまいもの自然な甘みとなめらかな食感が魅力です。

材料（4個分）

さつまいも（皮をむいたもの）…110g
豆乳…360mℓ
てんさい糖…25g
葛粉…小さじ4（12g）
寒天パウダー…小さじ1/2（1g）
塩…ひとつまみ
バニラエクストラクト（→p.93）
…小さじ1/2
豆乳クリーム（→p.98）…少量
プルーンの番茶煮（→p.101）＊
…少量
シナモンパウダー…少量
＊プルーンそのままでも可。

作り方

1
さつまいもは一口大に切って小鍋に入れ、1cmほどの水と塩を加えて蓋をし、弱火にかけて蒸し煮する。

2
さつまいもが柔らかくなったら水気をきり、豆乳100mℓを加えてハンドブレンダーでなめらかにする。

3
別の鍋に残りの豆乳、てんさい糖、葛粉、寒天パウダーを入れてよく混ぜて溶かす。弱めの中火にかけ、へらで混ぜながら沸かす。ふつふつとしてきたら弱火にし、混ぜながら約3分煮る。

4
3に2、バニラエクストラクトを加えて均一になるようによく混ぜ、器に入れて粗熱が取れたら冷蔵庫で冷やし固める。

5
食べるときに豆乳クリーム、プルーンの番茶煮を添え、シナモンパウダーをふる。

バニラアイスクリーム

牛乳も生クリームも使わずメープルシロップと油で、
バニラアイスのコクを出した
ちょっとなつかしい味わいのアイスクリーム。
食べる直前にフードプロセッサーにかけて
なめらかにします。

材料（3〜4人分）

豆乳…350mℓ
葛粉…小さじ$1\frac{1}{3}$(4g)
植物油…10g
メープルシロップ…70mℓ
てんさい糖…35g
塩…少量
バニラエクストラクト＊
…小さじ1

＊バニラをさやごとアルコールに漬けて抽出した天然の香料。ウォッカやジンなどに浸して作ることもできます。バニラエッセンスで代用する場合はごく少量にしてください。

flavorganics
ORGANIC
VANILLA EXTRACT
（オーガニックバニラエクストラクト）
アリサン有限会社

作り方

1
小鍋にバニラエクストラクト以外の材料を入れ、よく混ぜて葛粉を溶かす。弱めの中火にかけて混ぜながら沸かす。ふつふつとしてきたら弱火にし、約3分混ぜながら煮る。

2
火を止めてバニラエクストラクトを加えて混ぜ、保存容器に移す。粗熱が取れたら冷凍庫でしっかり凍らせる。

3
3cm角に切り、フードプロセッサーにかけてなめらかにする。

レモンアイスクリーム

レモンのさわやかな風味が生きる
シンプルなアイスクリームです。
レモンの皮のほろ苦さで大人の味わいに。
小さなお子さんにはトッピングなしでも。

材料(3~4人分)
- 豆乳…350mℓ
- 葛粉…小さじ1$\frac{1}{3}$(4g)
- 植物油…10g
- メープルシロップ…70mℓ
- てんさい糖…35g
- 塩…少量
- レモン汁…1個分
- レモンの皮…1個分

準備
- レモンの皮は少量をトッピング用の細切りにし、残りはすりおろす。

作り方

1
小鍋にレモン汁とレモンの皮以外の材料を入れ、よく混ぜて葛粉を溶かす。弱めの中火にかけて混ぜながら沸かす。ふつふつとしてきたら弱火にし、約3分混ぜながら煮る。

2
火を止めてレモン汁を加えて混ぜる。保存容器に移して粗熱が取れたら冷凍庫でしっかり凍らせる。

3
3cm角に切り、レモンの皮のすりおろしとともにフードプロセッサーにかけてなめらかにする。器に盛り、レモンの皮の細切りを散らす。

いちごアイスクリーム

フレッシュないちごをたっぷり混ぜ込んだ、
いちごミルク風のやさしい味わい。
いちごの季節が待ち遠しくなる。
アイスクリームです。

材料（5〜6人分）

豆乳…350mℓ
葛粉…小さじ$1\frac{1}{3}$（4g）
植物油…10g
メープルシロップ…70mℓ
てんさい糖…35g
塩…少量
レモン汁…小さじ2
いちご（ヘタを取る）…150g

準備

いちごはフードプロセッサーにかけてなめらかにする。

作り方

1
小鍋にレモン汁といちご以外の材料を入れ、よく混ぜて葛粉を溶かす。弱めの中火にかけて混ぜながら沸かす。ふつふつとしてきたら弱火にし、約3分混ぜながら煮る。

2
火を止め、保存容器に移して粗熱を取り、レモン汁、なめらかにしたいちごを加えて混ぜ、冷凍庫でしっかり凍らせる。

3
3cm角に切り、フードプロセッサーにかけてなめらかにする。

小麦や動物性食品を使わずおやつをおいしくする

クリーム、ソース、コンポート、ジャム

生クリームや卵を使わず作れるクリームやソース、
季節のフルーツで手軽に作るコンポートやジャムなど、
さまざまなお菓子を引き立てるレシピをご紹介します。

豆乳のクリームとソース

豆乳クリーム

豆乳カスタードクリーム

豆乳ココアクリーム

豆乳ヨーグルトソース

豆乳クリーム

豆乳のコクとまろやかさで、
味も食感もホイップクリームのよう。
生クリームを使わないので食べ心地も軽く、
さっぱりとした後味です。

材料（作りやすい量）

豆乳…100mℓ
植物油…130g
レモン汁…小さじ1
てんさい糖…30g
塩…ひとつまみ

作り方

すべての材料をボウルに入れ、ハンドブレンダーでなめらかにして冷蔵庫で冷やす。日もちは冷蔵で2日間。

豆乳カスタードクリーム

どこかなつかしい味わいを再現した、
卵も牛乳も使わないカスタードクリームです。
葛粉を加えてぷるんとした食感にしています。

材料（作りやすい量）

豆乳…300mℓ
てんさい糖…50g
植物油…30g
葛粉…30g
塩…ひとつまみ
バニラエクストラクト（→p.93）…小さじ1
レモン汁…小さじ2

作り方

1
小鍋にてんさい糖、植物油、葛粉、塩を入れて泡立て器でよく混ぜ、豆乳を加えてしっかり混ぜる。

2
1を弱めの中火にかけ、混ぜながら温める。ふつふつとしてきたら弱火にし、さらに混ぜながら約3分煮て火を止める。

3
残りの材料を加えてよく混ぜ、ボウルに移して表面が乾かないようにぴったりとラップをかけて冷ます。日もちは冷蔵で2日間。

豆乳ココアクリーム

あっさりとしたココア味のクリームです。
スポンジのほか、
パンケーキやホットビスケット、
ガレットなどにもどうぞ。

材料（作りやすい量）

豆乳…100mℓ
絹ごし豆腐（水切りしたもの）*1…120g
メープルシロップ…大さじ$4\frac{1}{2}$
ココアパウダー…35g
バニラエクストラクト（→P.93）…小さじ2
塩…ひとつまみ
ココナッツオイル*2…60g

*1 水切り前は180～200gが目安。
*2 固まっている場合は温めて溶かす。

作り方

1
ボウルにココナッツオイル以外の材料を入れ、泡立て器でよく混ぜる。

2
ココナッツオイルを加えてよく混ぜ、冷蔵庫で冷やす。日もちは冷蔵で2日間。

豆乳ヨーグルトソース

豆乳ヨーグルトのほのかな酸味が
さわやかな味わいのソースです。
パフェやアイスクリームなどにかけても美味。

材料（作りやすい量）

豆乳ヨーグルト（水切りしたもの）*1…150g
てんさい糖…20g
塩…ひとつまみ
ココナッツオイル*2…25g

*1 水切り前は200gが目安。ざるにペーパータオルを敷いてラップをかけ、一晩おく。
*2 固まっている場合は温めて溶かす。

作り方

1
ボウルにココナッツオイル以外の材料を入れ、泡立て器でてんさい糖が溶けるまでよく混ぜる。

2
ココナッツオイルを加えてよく混ぜ、冷蔵庫で冷やす。日もちは冷蔵で2日間。
*最初は分離しやすいけれど、しっかり混ぜると次第になじみます。

コンポート

養生園で作るコンポートは、りんごジュースで煮る手軽なもの。
良質なりんごジュースが手に入りやすい信州ならではのレシピです。
フレッシュとは違うみずみずしさが楽しめます。

材料（作りやすい量）

フルーツ（りんご、もも、なしなど）…１個

りんごジュース（100％果汁のもの）
…適量

作り方

1
りんごやなしは皮をむいて、芯を除いて縦４等分にする。ももは皮をむかずに縦半分に切る。
＊ももは皮をむかずに煮るときれいなピンク色になります。

2
小鍋に１のフルーツを入れ、りんごジュースをかぶるくらいに加える。弱めの中火にかけ、ふつふつと沸いたら弱火にして約２分煮る。

3
粗熱が取れたらももは皮をむき、煮汁ごと冷蔵庫で冷やす。日もちは冷蔵で３日間。
＊残った煮汁はそのまま飲むほか、寒天で固めてゼリーにしたり、葛粉をといて葛湯にしたりするのがおすすめ。

プルーンの番茶煮

養生園では定番のデザート。
ほのかに番茶風味のふっくら煮含めたプルーンは、
焼き菓子やデザートのアクセントにもなります。

材料（作りやすい量）

プルーン…６個

番茶＊…適量

＊飲んでおいしい濃さに淹れる。

作り方

1
小鍋にプルーンを入れ、番茶をひたひたに加えて弱火にかける。

2
プルーンが水分を含んでふっくらするまで煮含める。日もちは冷蔵で３日間。

ジャム

信州では季節のフルーツがたくさん採れるので、
食べきれないものはよくジャムにします。
長期保存用でなければ、
糖分控えめの手軽なジャムにして朝食やおやつにどうぞ。

いちごジャム

材料（作りやすい量）

いちご…200g
てんさい糖*…60g
レモン汁…1/2個分

*いちごの重量の30%が目安。

りんごジャム

材料（作りやすい量）

りんご（皮と芯を除く）…1個（250g）
てんさい糖*…約75g
レモン汁…小さじ1

*りんごの重量の30%が目安。

作り方

1
いちごはヘタを取り、りんごはくし形に切って3mm厚さに切る。ステンレス製かほうろう製の鍋にいちごまたはりんごを入れ、てんさい糖、レモン汁を加えて水分が出るまで約2時間おく。
*加熱前に余分な水分を出し、フルーツの水分だけで短時間で煮詰めます。

2
1を中火にかけ、ふつふつと沸いてきたらアクを取りながら15〜20分煮る。粗熱が取れたら保存容器に移す。日もちは冷蔵で1週間。

ピーナッツクランチソース

実は本書のどのお菓子にも使っていませんが、
撮影の合間に作ったところ大変好評だったのでご紹介。
ガレット、パンケーキなどのトッピングに、
またホットビスケットにもおすすめです。

材料（作りやすい量）

ピーナッツバター（クランチタイプ）
…50g
豆乳…40mℓ
てんさい糖…30g
きな粉…5g
塩…ひとつまみ
ココナッツオイル＊…15g
＊固まっている場合は温めて溶かす。

作り方

1
ボウルにココナッツオイル以外の材料を入れ、てんさい糖が溶けるまで泡立て器でよく混ぜる。

2
ココナッツオイルを加えてよく混ぜる。日もちは冷蔵で1週間。
＊分離しやすいけれど、しっかり混ぜると次第になじみます。

鈴木 愛

1980年生まれ、東京都出身。映画やCMなどの衣装の仕事を経て食の世界へ。都内自然食レストランや、和食店で調理を学ぶ。2010年からホリスティックリトリート穂高養生園に勤務。自然に根差した野菜の調理法を学び、季節をベースとした食と体の結びつきを深く意識する。食によって日々を心地よく過ごしてほしいという願いを込めて「冬草」の名で活動をはじめる。不定期で東京・表参道のサロン「omotesando atelier」にて「ととのえる食事会」を開催。要予約。著書に『なんとなく不調をととのえるスープ』(世界文化社)がある。

冬草 https://www.facebook.com/fuyukusa.gohanya/

小麦粉、卵、乳製品なしでもかんたん、おいしい！

穂高養生園が考える

やさしいおやつ

発行日 2021年11月10日 初版第1刷発行
2024年 9 月20日 第4刷発行

著者 鈴木 愛
発行者 岸 達朗
発行・発売 株式会社世界文化社
〒102-8187 東京都千代田区九段北4-2-29
tel 03-3262-5118(編集部)
tel 03-3262-5115(販売部)

印刷・製本 大日本印刷株式会社
DTP製作 株式会社明昌堂

ISBN 978-4-418-21318-4

撮影 西山 航(世界文化ホールディングス)
デザイン 芝 晶子(文京図案室)
手書き文字 鈴木 愛
スタイリング 竹内万貴
取材・原稿・構成 井伊左千穂
校正 株式会社円水社
編集部 能勢亜希子
器協力 UTUWA (tel 03-6447-0070)

撮影協力
ホリスティックリトリート 穂高養生園
https://yojoen.com/
omotesando atelier
https://omotesando-atelier.com/

本の内容に関するお問い合わせは、
以下の問い合わせフォームにお寄せください。
https://x.gd/ydsUz